JAMES BOYD NIVEN

ARTES Y OFICIOS

RIZZOLI
NEW YORK

New York · Paris · London · Milan

ÍNDICE

06-09
PRÓLOGO
EL DISEÑO CUENTA HISTORIAS

10-23
INTRODUCCIÓN
de ARGENTINA a URUGUAY

24-109
BUENOS AIRES
LA CIUDAD REVELADA

110-215
MONTEVIDEO
EL GRAN HOTEL

216-239
RURAL
LAS PAMPAS

240-247
COSTA ESTE
LA PALMERA

248-255
CONCLUSIÓN
EL VIAJE DEL HÉROE

EL DISEÑO CUENTA HISTORIAS

Su risa es contagiosa y sus manos vuelan dibujando en el aire cuanto expresa al hablar. Las expresiones en inglés británico se cuelan en su conversación y su decir pausado subraya aquello que es importante para él marcar. James es un hombre al que resulta difícil establecer edad. Al trabajar su actitud es sobria, concreta y de un nivel de detalle sorprendente. Al socializar es capaz de animar la reunión con sus ocurrencias siempre divertidas donde las anécdotas nos llevan de viaje por el mundo.

Lo conocíamos por sus performances en Casa FOA, donde llegó a ser señalado en dos oportunidades con el Design Award, también por las publicaciones de sus obras en revistas alemanas, españolas y norteamericanas y más recientemente por AD Francia, que lo incluyó en la nómina de los 80 mejores diseñadores de interiores del mundo. Nuestro primer encuentro se produjo una mañana de marzo signada por cielos que se disputaban entre el sol y la lluvia. Y mis expectativas fueron ampliamente superadas al descubrir a un profesional con un discurso conceptual muy profundo y acabado en el que las raíces ocupan el centro de todo.

El gen británico lo delata a la distancia. Delgado, alto y naturalmente elegante, me recibió en una mesa ubicada en la terraza de una panadería y café de Manantiales. Su familiaridad con la gente del lugar me hizo ver que es habitué del lugar y pronto descubriré que es adepto a mantenerse fiel a los espacios donde experimenta comodidad y familiaridad. Su mirada es inquieta y precisa, da la impresión de que nada en su alrededor queda sin el escaneo debido. También sé que juega al Polo, deporte que le apasiona de manera especial.

En todo caso, cuando de trabajo se trata es minucioso, serio y no deja nada librado al azar, posee una capacidad increíble para controlar todo lo que refiere al proyecto de que se trate y su memoria es prodigiosa. Piensa y por supuesto habla y escribe con singular perfección en inglés, francés y español. No utiliza redes sociales y posee una agenda que sorprende por su integración, en ella figuran personajes del mundo de la cultura, los negocios y el deporte, de todas partes del mundo. Luego, cuando dejamos el trabajo y abordamos temas mundanos y personales, su actitud es otra, su rostro se distiende y es extremadamente divertido y jovial, trasmite alegría. Conocer a James Boyd Niven resulta toda una experiencia.

La entrevista resultó fluida y pronto, casi de inmediato me impresionó con la solidez de conceptos a propósito de la arquitectura, la estética y el arte. James no improvisa y cada afirmación está basada en el estudio y el análisis del tema que aborda. Su formación parece dispersa, pero en realidad habla de su inquietud por conocer el mundo y avanzar sobre él. Estudió arquitectura, diseño y fotografía, ha incursionado en el mundo de la moda y sus primeros trabajos consistieron en producir escenarios para las producciones fotográficas. Con apenas dieciocho años descubrió el fascinante mundo de la escenografía y la fotografía. Pronto descubriré que su azarosa vida se relaciona con un extraordinario pasado familiar.

James es un hombre de mundo y con eso no sorprende. Su educación y particular elegancia, aún vistiendo jeans y calzando zapatillas deportivas, establece una síntesis del ser humano que sorprende como un profesional de talento singular y un personaje entrañable que resulta imposible no querer. El proceso de trabajo para esta edición me permitió conocerlo y compartir con él largas conversaciones a través de las cuales descubrí a un un hombre de sensibilidad poco común, con una historia de vida sorprendente, que ejerce su profesión con sentido de vida.

Diego A. Flores

de ARGENTINA a URUGUAY

El diseño puede definirse como la forma que tienen los contenidos y entonces la figura de James Boyd Niven debe entenderse como la del profesional que genera historias y les asigna forma y sentido. Presentarlo como Interiorista, que además lo es, supone el riesgo de no asumir a plenitud el sentido de su aporte al espacio, cuando en él interviene. La tarea es intensa y para nada frugal, James la asume con el rigor y el compromiso del constructor que ha de evaluarlo todo, su misión más allá de los aspectos estéticos consiste en construir atmósferas donde la vida tiene un sentido. Allí el rango diferencial que en sus proyectos lo distingue y señala como un creador.

Al revisar sus obras y proyectos encontramos que todo ha sido tenido en cuenta y entonces cada elemento estructural, como cada pieza de mobiliario o de iluminación, aporta frases para la narración de una historia que da cuenta de habitantes y sus inquietudes culturales. En el universo de James, forma y contenido se relacionan de modo tal que son el resultado de procesos que deben atenderse, entenderse y respetarse. Y allí no hay espacio para la frivolidad, todo debe abonar a la gran idea que lo compromete con la construcción del lugar en el mundo para sus clientes.

En la universalidad de una vida cultural y social que apuesta a la velocidad y la liquidez, los proyectos de James Boyd Niven se apoyan en la solidez de raíces y gestos culturales que suman a la narración que el autor decide hacer en cada metro cuadrado en que interviene. Desde su condición de autor, los proyectos que desarrolla apelan a todos los sentidos y entonces establecen una mirada distinta hacia el espacio, una mirada que parte desde conceptos y principios ancestrales. Para James la arquitectura es envolvente espacial que rodea, protege y contiene. En su visión se trata de un ejercicio cuyos resultados no se miden en metros cuadrados, sino cúbicos y a los que agrega magia y poesía, que la arquitectura además de largo y ancho, tiene altura, recorrido y tiempo. Al escucharlo y recorrer sus obras nos sorprende revelándose como un constructor de atmósferas. Es así que en sus proyectos las estructuras apelan a los materiales para contar una parte de la historia que luego se profundiza en el tratamiento de los espacios resultantes, donde nuevamente los materiales incorporan capítulos que suman al texto original, aportando el drama y la tensión de la iluminación, los colores y las texturas que enriquecen una narrativa que al mismo tiempo que contiene y protege, refleja a los habitantes.

TODO ESTÁ EN EL ADN

Como todo proceso, la formación de James Boyd Niven es producto de la academia y también de la experiencia. Y como suele suceder, todo viaje de esta naturaleza comienza en la casa familiar, donde el menor de cinco hermanos templó su carácter. James nació en el Hospital Británico de Buenos Aires un febrero del ochenta y dos en el seno de una familia británica, con ascendencia escocesa e inglesa, afincada en la República Argentina desde el año 1847.

Su condición cultural es el producto de esa mezcla intensa que se manifiesta en su inquietud, su pasión por los viajes y la devoción por el trabajo bien hecho. Cuando nos remontamos en su árbol genealógico en el Río de la Plata, llegamos hasta el año 1860 y nos encontramos con las figura de George Clark Dickinson que arriba a Uruguay procedente de la ciudad de Liverpool, Inglaterra, y James Niven que arriba a la joven nación Argentina en el año 1868 desde la ciudad de Greenock, Escocia. Bien podemos afirmar que en James se da la síntesis perfecta de esa combinación singular de celtas, germanos y británicos, que se delata en su carácter temerario y se manifiesta en su determinación, su capacidad de absorber distintas culturas y de ser el mismo, en cualquier circunstancia. El curso de su vida nos enseña esos rasgos de carácter que lo han convertido en el hombre que hoy es y podemos afirmar que en su ADN está la condición de asumir lo desconocido como escenario natural, escucharse a si mismo y vivir la experiencia sin atajos ni recaudos, para aprender de lo vivido.

Las tradiciones y costumbres británicas formaron parte de su proceso de crecimiento con lo cual resulta fácil comprender esa vocación por los viajes, las aventuras, tanto como esa inquietud por el detalle y la perfección en cualquier actividad que emprende. La pasión por el paisaje rural agreste y la imagen que los registra, lo vinculan naturalmente con la figura de su tatarabuelo James Niven, pionero de la fotografía en la República Argentina, responsable de las primeras imágenes de la vida diaria en la ruralidad argentina registradas entre los años 1870 y 1880. Casi ciento cincuenta años después, James recorre con la misma inquietud el mundo rural de la República Argentina y del Uruguay, territorio apenas separado por el Río Uruguay. Su cámara, al igual que la de su bisabuelo, registra cada detalle y toma nota de los testimonios que descubre para, a partir de ellos, alimentar una narración que se apoya en las historias de la historia.

Su abuela materna ejerció una notable influencia en los primeros años de James. Poppy Dickinson formó parte del equipo nacional argentino de hockey sobre césped y presidio la Asociación Argentina de Rosicultura entre los años 1975 y 1981. Su bisabuelo Charles Edgar Dickinson fue capitán del Belgrano Athletic Club y autor del primer gol que la selección Argentina concreta ante Uruguay en el año 1902. La pasión de James por el deporte se relaciona con este espíritu competitivo con el que convivió, naturalmente, en sus primeros años de vida.

George Clark Dickinson se instaló en el departamento de Salto, Uruguay, donde adquiere los saladeros, luego devenidos en Frigoríficos, La Caballada y La Conserva. La presencia de los Dickinson en Uruguay jugó un fuerte papel en el desarrollo de la industria y el comercio del litoral uruguayo con la Argentina. Junto a los saladeros, la familia cultivó quinientas cincuenta hectáreas de viñedos y quince mil naranjos. El vínculo de la familia materna de James con la sociedad salteña se registra a lo largo del tiempo de diversas maneras, una de ellas en el Estadio de Fútbol de la ciudad, que lleva el nombre de Ernesto Dickinson.

Su abuelo Tomás Niven, se dedicó a la agricultura y ganadería en el Sur Oeste de la Provincia de Buenos Aires, y fue el primer criador de Aberdeen Angus Colorado del país y durante muchos años fue jurado en la Sociedad Rural. Al mismo tiempo destacaba como notable jugador de Polo y fundó en el año 1935 el club de Polo Los Incas.

La historia familiar, a la que tanto los Niven como los Dickinson, aportan importantes antecedentes sociales y culturales, pronto despertó la inquietud de James por la historia. Los relatos de aquellos viajes interminables con las peripecias y singularidades propias de la época en la que sus ancestros participaron en condición de colonizadores, estimuló la lectura de textos en los que la vida diaria y el concepto de la intimidad alcanzan una dimensión que trasciende la frialdad y el rigor de las fechas patrias y las grandes batallas. Entre todas ellas, la construcción de casas, pueblos y ciudades comenzó a ocupar el centro de las inquietudes de un joven que enfrentaba la vida con el mismo espíritu desafiante de sus ancestros.

EL MUNDO COMO ESCENARIO

Conversar con James supone ingresar al ojo de un huracán. Su capacidad de análisis es sólo superada por su capacidad de trabajo. Cada proyecto demanda una atención exhaustiva y es capaz de procesar a la vez el detalle de los zócalos para un hotel de 80 habitaciones y también elegir los vasos para el agua del restaurante o el lápiz que se ubicará en cada habitación. Su formación tiene ribetes renacentistas. Su inquietud por conocer el mundo y avanzar sobre él lo aleja de la frivolidad del gesto que embellece un ambiente con el color de moda, para llevarlo hacia un plano más profundo, donde cada detalle se relaciona con una estructura narrativa en la que se cuenta acerca del habitante y su lugar en el mundo. Sus estudios de arquitectura, diseño y fotografía, las incursiones en el mundo de la moda, sumados a su formación social y cultural, lo prepararon para conocer profundamente los secretos del espacio y las mejores formas para habitarlo.

Viajero incansable, ha recorrido el mundo llegando hasta los lugares más recónditos con la vocación del descubridor, para encontrar en la arquitectura, las artesanías y el arte, las claves culturales y sus materiales, los métodos constructivos y demás manifestaciones humanas. El resultado se exhibe en una de las colecciones más importantes del mundo dedicadas a la arquitectura y el interiorismo, que James ha reunido en el despacho de Artes Decorativas que ha instalado en el casco histórico de Montevideo, ubicado frente al Palacio Taranco en la encantadora Plaza Matriz, primera plaza de la ciudad de Montevideo.

El conocimiento y la formación, son herramientas importantes para el proceso de desarrollo de valores y crecimiento social. La disciplina, el rigor y la excelencia aportan rangos diferenciales que definen actitudes y ante la necesidad de tener que resolver sus proyectos James optó por crear su propio Taller de Oficios, al que instaló a pocas cuadras de su despacho, sobre la calle Colón. La idea original era atender la demanda de sus propios proyectos para lo cual la captación de sus trabajadores generó la necesidad de formarlos en los oficios relacionados con la construcción y el diseño. El Taller de Oficios de James Boyd Niven opera como un espacio que integra y promueve los conocimientos y los valores de las Artes y los Oficios, gesto que además supone la atención del compromiso social con el cual entiende a la vida.

UNA VIDA APASIONANTE

Con apenas dieciocho años James interrumpió sus estudios académicos en Buenos Aires para salir a conocer el mundo. Su temprano periplo lo condujo hacia Nueva York, donde trabajó como modelo y luego como productor fotográfico para la industria de la moda. Allí descubrió su capacidad innata para leer al espacio y descubrir sus claves. Esta condición, junto a un talento especial para descifrarlo y narrar historias a partir de las imágenes le permitiría, algunos años después, destacar como diseñador de interiores profesional.

La alocada vida cultural y social de Nueva York resultó en una experiencia fantástica para un joven inquieto, vital y extremadamente curioso. Su cultura anglosajona, el perfecto manejo del idioma, le facilitaron una inserción inmediata en esa ciudad, por la que todo el mundo pasaba para poder ser. Su pasaje por Nueva York se convirtió en una suerte de post grado que aderezó con visitas a las grandes ciudades: Madrid, Londres, París y Milán.

Buenos Aires estableció un punto de inflexión, luego de años de vida agitada e intensa, el regreso imponía un nuevo ritmo y ofrecía nuevas perspectivas. Es entonces que nuevamente aflora su perfil vanguardista e innovador y adquiere apartamentos para arrendar. El proyecto desarrollado por James establecía que cada apartamento era intervenido por el interiorista que comenzaba a despuntar. Cada propiedad se convirtió en un capítulo de la historia que comenzaba a escribir. El color, los muebles, el tratamiento de los pavimentos, la iluminación y también los detalles íntimos, la ropa de cama, la cocina y los baños, proponían una atmósfera diferente que dotaba a cada uno de sus apartamentos en espacios muy personales. Este proyecto prosperó y lo vinculó naturalmente con extranjeros que encontraron en esta propuesta espacios ideales para su vida en Buenos Aires.

Llegó a contar con diez apartamentos, cada uno de ellos un capítulo distinto en la narración de un profesional que llegó a dominar los recursos y las técnicas para el trabajo con estructuras preexistentes y su equipamiento. En muy pocos años James Boyd Niven se convirtió en uno de los profesionales de referencia en el competitivo mercado argentino, obteniendo premios en la bienal de Arquitectura. A la vez los nuevos proyectos que le encargaron lo llevaron de regreso a Nueva York y a Europa, donde desarrolló importantes obras. En pocos años llegó a ocupar un lugar entre los 80 interioristas más importantes del mundo.

Si seguimos su proceso creativo en estos primeros ejercicios descubriremos el rigor profesional que ya estaba presente en su vida. En la elección de los apartamentos ya enseñaba un gesto que luego al momento de crear y practicar la Arquitectura será una constante. El espacio ideal para James se relaciona con la proporción y así procura que siempre mantengan la relación de cuatro metros en el largo, el ancho y también en la altura. Es el caso del Petit Hotel ubicado sobre la calle Cabrera, en Palermo Hollywood, donde despunta el virtuosismo en los detalles, situación que se repite con distintos énfasis en la calle El Salvador, hasta llegar a su última intervención en esta etapa, en la calle Santiago del Estero, en Monserrat. Allí alcanza la madurez plena de su primera etapa profesional. Logra el virtuosismo y entonces, como el artista plástico, trasciende la forma para alcanzar la abstracción. La intervención de James en este apartamento supone el despliegue de un laboratorio de ideas donde el creador se suelta e integra personalmente con el espacio, de modo tal que arriesga soluciones muy jugadas para la época. Y así, genera una atmósfera donde el eclecticismo propone un diálogo alocado y muy intenso que además lo define en el momento de su vida.

Chau for Now, la frase escrita en neón, resume el espíritu de ese momento tan particular a partir del cual ya está listo para emprender proyectos de mayor escala. Estas primeras etapas en su vida profesional rápidamente fueron superadas por necesidades expresivas mayores que trascendiendo a Buenos Aires lo llevaron hacia la Patagonia, Montevideo, Miami y más recientemente hacia Milán.

EL MÉTODO JBN

Seguir a James en una de sus jornadas típicas resulta fascinante. Sus reuniones de coordinación con los profesionales que integran los distintos equipos de trabajo nos permiten verificar su aplomo y la firmeza de sus ideas. Luego suele detenerse a revisar el trabajo con los capataces y operarios. Con los primeros se enriquece, James valora mucho la experiencia del artesano y suele rescatar de los oficios enseñanzas prácticas, y con los segundos suele destinar el tiempo necesario para explicar e instruir acerca del oficio, la técnica y del resultado pretendido.

Su trabajo como interiorista se apoya en conceptos estéticos que refieren al mundo sólido en el que las formas, las maneras y el espacio se consideran de una manera singular. Esa pasión con la que tenemos la impresión vive su vida, se canaliza en investigación y en las formas clásicas tanto como en aquellas otras que refieren al diseño anónimo pero vigoroso que rinde testimonio de los años veinte, treinta, cuarenta y cincuenta. Sus primeros trabajos atendían escenografías efímeras, sólo vigentes para una sesión de fotografías, allí se apoyaba en la narración de historias a partir de las imágenes. Esta práctica lo descubrió como un narrador sensible y extremadamente elocuente, con lo cual sus proyectos establecieron un lugar de privilegio en el firmamento del diseño de interiores.

A partir de entonces y de la mano de su sensible narrativa, los conocimientos adquiridos y la experiencia profesional le llevaron a involucrarse con las estructuras, viaje en el cual fue acompañado por habitantes que le confiaron la tarea, nada fácil, de generar proyectos, contratar arquitectos y lograr que sus historias funcionen, para lo cual opera con los cinco sentidos. Así al momento de proyectar

James concibe la caja contenedora, la estructura y al hacerlo incorpora los datos relacionados con su funcionamiento, con lo cual el mundo de los detalles que supone la dinámica de una casa en la ciudad, en la playa o un hotel, adquieren una importancia superlativa.

En el caso del Hotel Montevideo, por ejemplo, los pasillos incorporan una moldura de ochenta centímetros y cada una de sus partes, el zócalo, el tabique, el marco de las puertas, fueron diseñados previendo las consecuencias de su uso. Esto significa que los golpes de las maletas o las ruedas de los carros que las transportan imponen la necesidad de su construcción en maderas sólidas y pintadas de modo tal que al dañarse puedan ser restauradas con una simple aplicación de lija y re-pintura. De esta forma el mantenimiento de las paredes se minimiza ya que las superficies de yeso no están expuestas al uso en la misma forma.

El método JBN se resume en el proceso creativo con el cual aborda y concibe los proyectos que acepta, tanto como en la forma en que ese proceso se materializa y gestiona. Para funcionar profesionalmente y atender el caudal de trabajo que recibe, creó James Boyd Niven SAS, una empresa que ofrece servicios de Arquitectura e Interiorismo, de la cual es su Director Creativo y lidera equipos de Arquitectos, Interioristas, paisajistas, diseñadores gráficos y organizadores de eventos, con los cuales despliega las distintas etapas del proceso que ofrece un servicio integral, llave en mano, para proyectos residenciales, comerciales y hoteleros. A la vez ha conformado un equipo contable y legal que garantiza la transparencia de la gestión que ya cuenta con más de veinte años de trayectoria tanto en Argentina como en Uruguay.

LA CIUDAD REVELADA

La arqueología urbana se apoya en cuatro pilares: la investigación, la restauración, la integración y la difusión. Al revisar el método de trabajo de James constatamos que, más allá de la creación de espacios habitables y atmósferas con carácter, opera como una versión contemporánea de Indiana Jones, investiga y estudia la ciudad y con sus resultados llega más allá para concentrarse en la historia cultural de los descendientes europeos en el Río de la Plata. Con la obsesión del científico y la constancia del investigador practica una suerte de arqueología de la arquitectura en la que se concentra en el estudio de los materiales arquitectónicos, las técnicas constructivas y por supuesto, de manera muy especial, en los testimonios de aquellos gestos que muchas veces debe restaurar e incluso reproducir, para lo cual el conocimiento de las técnicas constructivas y los materiales originales resulta fundamental. El *genius loci* de Buenos Aries descansa en su conmovedora variedad cultural. Más que una ciudad, es un gran crisol donde razas y culturas se funden con caprichoso orden donde hasta el caos aporta a ese espíritu que se manifiesta de tantas formas distintas y es además un punto de partida y un lugar al que siempre regresar.

Los romanos denominaban *genius loci* al espíritu protector de un lugar, actualmente este concepto es utilizado para referirse a la atmósfera distintiva de un barrio o una ciudad y Buenos Aires desde la complejidad de su infraestructura es una de las metrópolis de mayor importancia en Sudamérica. A la vez se la define como una ciudad global de categoría alfa, en virtud de sus influencias en el comercio, las finanzas, la moda, el arte, la gastronomía y el entretenimiento y principalmente en su cultura. Es en ese contexto que James comienza a desplegar sus alas luego de la temprana experiencia en Nueva York.

En sus primeros proyectos, los apartamentos que adquiere para intervenir, equipar y luego arrendar, acentúa un marcado perfil por la arquitectura. No se limita a los testimonios del pasado clásico y neoclásico, de la cual Buenos Aires está cargada de ejemplos conmovedores, sino que también encuentra en las manifestaciones contemporáneas oportunidades que no desperdicia. En todos los casos exhibe un lenguaje plástico tan personal como elocuente. Estos proyectos pronto se convierten en un viaje en el que despliega los conocimientos adquiridos al estudiar las técnicas constructivas del pasado. Es así que llega sin mayor esfuerzo hasta los materiales originales. Los encuentra en ese circuito que ha determinado previamente, donde ubica a los proveedores, artesanos y comerciantes especializados, con los cuales recrea el mundo de los oficios de antaño, el mismo que participó de las construcciones originales en las que interviene. Lo más importante es narrar las historias que refieren a nuestra historia. El viaje llega hasta el siglo pasado y comprende a los diseñadores vanguardistas de los años cincuenta y sesenta.

Más allá de las virtudes de una ciudad que nunca duerme, ciudad que James recorre en toda su extensión, al momento de focalizar su *genius loci*, se detiene caprichosamente en algunos barrios como Palermo o Monserrat.

El encanto de las calles estrechas, al modo europeo, con veredas angostas y vías pavimentadas con adoquines, fachadas imponentes que pese a su juventud narran historias que nacen en el viejo mundo, lo lleva a rastrear fuentes, orígenes y luego a establecer un circuito artesanal donde los viejos oficios aún viven. El resultado, un formidable equipo conformado por artesanos, artistas y gremios que lo acompañan en cada proyecto. En esa búsqueda constante donde opera como un arqueólogo, comienza a definirse el profesional creador de atmósferas donde los espacios contemporáneos se relacionan con el pasado y establecen de manera singular, carácter y sentido. No se trata de limitarse a la recreación de viejas fórmulas, James crea en clave contemporánea y vanguardista apelando al compromiso y el orgullo artesano.

ELEGANTE Y SOFISTICADO

Los proyectos de James Boyd Niven para las residencias urbanas de Buenos Aires son un ejercicio plástico donde la elegancia y la sofisticación definen más que un estilo, el concepto a partir del cual el profesional desarrolla un lenguaje tan propio como singular.

La visión urbana de James es particularmente rica e integra los gestos del paisaje natural donde se recrea la ruralidad, que aparece en el verde con el cual suele poblar las terrazas y con las apelaciones hacia el mundo orgánico que despuntan desde objetos como la base de una mesa de centro resuelta a partir de un tronco de madera o imágenes fotográficas que proponen horizontes distantes y verdes. En sus proyectos, James logra atmósferas elegantes y sofisticadas que lo distinguen y señalan como un creador fuera de serie.

Sus proyectos son el resultado de la conjugación del espacio con su historia y de los elementos con los cuales el diseñador los interviene, generando diálogos en los que las épocas y las funciones son revisadas y ajustadas a un nuevo lenguaje. El espacio es asumido como una caja que guarda información de la que el proyecto se alimenta. La proporción, los materiales, las texturas y los elementos que la integran imponen un marco dentro del cual el espacio se convierte en sofisticada atmósfera y así cuenta una nueva historia.

En el mundo de James la elegancia se define como el atributo de la belleza y la sencillez y es a partir de esa convención que emerge como referencia para el buen gusto. Si para muchos la elegancia es simplicidad en la forma y para otros complejidad, para James la elegancia es la audacia de integrar formas, colores y texturas que refieren a distintas épocas y desde esa distancia crear una línea en la cual el tiempo deja de importar. Así genera una atmósfera sofisticada y atemporal que desde el eclectisismo envuelve, cobija y contiene al habitante.

Una guarda en yeso descubierta al limpiar las paredes, los zócalos originales que se rescatan y completan, el pavimento de época recuperado y luego una mesa victoriana, un sofá del mid century, o una pieza de diseño nórdico de los años sesenta, una lámpara art deco y la obra de arte contemporánea que retrata a un rinoceronte, son elementos cuya observación independiente impone patrones de belleza definidos en su tiempo y su época pero que al integrarse en un mismo espacio generan una sensación de armonía y equilibrio donde la elegancia emerge naturalmente como consecuencia inevitable de la elección correcta de las piezas.

EL JARDÍN DE JAMES

Bruno Munari, el genial diseñador que dominó la escena italiana en los años cincuenta y sesenta, definía al mundo de los muebles y objetos que conforman nuestro hábitat como un jardín de cosas de las que el hombre puede prescindir, pero que de hacerlo resignaría su condición humana de generar cultura. Desde la elocuente figura desarrollada por Munari, asumimos que el jardín de James es particularmente rico en gestos y testimonios que dan cuenta de los avatares culturales del hombre. La esencia de la vida en Buenos Aires, su *genius loci* que se alimenta de la riqueza del mundo rural argentino le impone la visión que integra a la vida urbana los datos que guardan referencia con su historia. Allí aparece la platería europea y también la Rioplatense, la cristalería, porcelana y todas esas flores que en su superficialidad materializan la cultura de una sociedad a partir de la cual James genera una narrativa que no resigna del confort ni de los datos contemporáneos, sino que los enriquece asignándoles el valor adicional que surge de su vínculo con el pasado. Los objetos son tan importantes como las técnicas o los materiales constructivos, forman la base sobre la cual generamos los mundos que habitamos.

LAS CALLES DE BUENOS AIRES

De la mano de James, las calles de Buenos Aires se revelan como escenarios donde la belleza sorprende con detalles que pasan inadvertidos para quien suele caminar apurado.

El espíritu y el carácter de las ciudades se apoyan en sus habitantes tanto como en la forma que adquieren sus edificios y la manera en que estos se vinculan entre sí. En Buenos Aires estas características conmueven con señales que nos permiten descubrir historias y tradiciones que hablan de las más diversas culturas y para advertirlo resulta imprescindible recorrer sus barrios guiado por James, un hombre que aprendió a conocerla con el entusiasmo del investigador y la pasión de un coleccionista de imágenes e historias. A su lado surgen los relatos que tejen la relación de una puerta con una época determinada, una cúpula que divisamos en aquel edificio y resulta que su estructura fue diseñada por Eiffel. Y así con los frisos, los balcones, las balaustradas y las rejas. James nos enseña que la ciudad está viva y crece y promueve en nosotros la memoria sin nostalgia, ese gesto que toma nota y valora de una manera distinta a partir de esa información que nos ayuda a valorar. Y nos incentiva a caminar la ciudad, mirando hacia el cielo para encontrar en los frisos, cornisas y especialmente las cúpulas de algunos edificios, la magia y la poesía que señala momentos y nos cuenta historias que definitivamente vale la pena escuchar.

Importa saber que durante los años comprendidos entre el final del siglo XIX y el inicio del XX la República Argentina y su ciudad madre, Buenos Aires, representaban para el mundo el paraíso y en consecuencia el proceso migratorio incorporó a miles de ciudadanos provenientes de todas partes del mundo, con un claro predominio cuantitativo de italianos primero y españoles después, pero también de austríacos, alemanes, polacos, checos, británicos, eslovenos. Entre ellos

los artesanos dedicados a la construcción que participaron del fantástico proceso de desarrollo de una ciudad cosmopolita, construida con la magia y poesía que hoy la define.

LAS CÚPULAS DE BUENOS AIRES

Recorrer Buenos Aires guiado por James supone una experiencia que, como en sus proyectos, apela a todos nuestros sentidos. Cada detalle constructivo, las fachadas de los edificios y de manera especial las terminaciones que coronan las estructuras establecen un relato, un comentario y una referencia donde la historia nos permite una observación distinta, donde todo cobra un sentido mágico que rescata con poesía la humanidad que muchas veces pasa inadvertida. Caminar por la ciudad y elevar la mirada alcanza para sorprendernos con sus cúpulas.

Buenos Aires es la principal ciudad de un país inmensamente rico que creció y se desarrolló con la actividad agrícola y ganadera y que a finales del siglo XIX atrajo a gentes de todo el mundo que encontraban en ella la oportunidad de un nuevo comienzo. Tierra de oportunidades, la República Argentina, en la que todo estaba para hacerse, ofreció posibilidades para la creación de grandes fortunas y el principio de la movilidad social que se manifestó en la construcción de casas y edificios que en muchos casos incorporaban refinamientos que se asociaban al mundo antiguo y de manera especial a las principales ciudades europeas, gran modelo para Buenos Aires.

El esplendor de las cúpulas en Buenos Aires se registra entre finales del siglo XIX y comienzos del XX, era entonces el elemento arquitectónico que se utilizaba para marcar las esquinas y desde su condición de signo de progreso económico, se lo consideraba un elemento que valorizaba las propiedades que coronaba. Tanto así que los propietarios de edificios, especialmente los hoteles ubicados a mitad de cuadra también comenzaron a incorporarlos en sus propiedades. No se relacionan con un estilo arquitectónico determinado y es así que en Buenos Aires encontramos ejercicios libres que refieren a las culturas italianas, árabes, españolas, rusas y también al espíritu del Art Nouveau, que también llegó hasta el Río de la Plata. En este proceso, que James ha estudiado con detalle, surgen historias y antecedentes que refieren a la trascendencia del hecho que no puede ser asimilado como una simple manifestación de la moda o un práctico recurso inmobiliario.

Las cúpulas, también conocidas como domos o calotas, son elementos arquitectónicos que coronan las estructuras de casas y edificios. Se emplean para cubrir un espacio de planta circular, cuadrada, polígona o elíptica, mediante arcos de perfil semicircular, parabólico u ovoidal rotados respecto de un punto central de simetría. Este recurso que enseña la capacidad de superación del hombre, ha sido ampliamente utilizado por todas las culturas a lo largo de la historia de la civilización y en Buenos Aires se empleó como una clara y contundente señal del progreso de la burguesía argentina, tanto así que guardan una estrecha relación con la historia y la cultura de la ciudad.

El problema más importante de los constructores de cúpulas antes de la Revolución Industrial consistió en encontrar materiales con resistencia a la tracción que contrarrestaran los esfuerzos horizontales en la base de la cúpula, que por su forma tiende a la apertura. El innovador sistema desarrollado por el Ingeniero Gustave Eiffel a partir de la utilización del hierro, supuso una importante revolución en la industria de la construcción, que entre otras innumerables aplicaciones aportó soluciones para los aspectos constructivos de las cúpulas. Desde su empresa consultora y constructora, Eiffel et Cie. comenzó a exportar sus proyectos al mundo, especialmente hacia Latinoamérica, donde construyó Estaciones para Ferrocarriles, edificios autoportantes y también cúpulas.

La avenida de Mayo, arteria que conecta la Casa Rosada, sede del Gobierno Nacional y con el Congreso de la Nación, está poblada por maravillosas cúpulas que recrean un paisaje sobrecogedor donde el ritmo de sus volúmenes y los reflejos del sol al caer la tarde nos transporta hacia lugares sin tiempo. Inspirada en la Gran Vía madrileña, este tramo urbano de Buenos Aires da cuenta del modelo europeo que siguió la ciudad en su desarrollo.

PALERMO

Una de las zonas de Buenos Aires por la cual James experimenta una fuerte atracción es Palermo, uno de los cuarenta y ocho barrios en los que se divide la Ciudad Autónoma de Buenos Aires. Se trata de un territorio urbano esencialmente residencial que cuenta con una gran parte de su extensión destinada a los denominados Bosques de Palermo, que son el resultado de la suma de varios parques y espacios verdes.

Recorrer sus calles, en las que James ha encontrado casas y apartamentos que ha ocupado, equipado y vivido, nos permite descubrir las claves para el proceso de desarrollo y crecimiento de Buenos Aires. La evolución del barrio, por ejemplo, originalmente poblado por trabajadores entre los que destacaban las costureras y los mecánicos, ha sido importante. Las construcciones originales del lugar se definían a partir de galpones y casas linderas con estructura profunda y frentes angostos que se ocupaban con pequeños locales comerciales en los frentes y reservaban el interior a las viviendas: casa chorizo. James nos señala varios ejemplos de estas construcciones que hoy, adaptadas a un nuevo uso, exhiben los rastros de un proceso cargado de vida y significación que emergen desde algunos detalles en los frisos de sus fachadas o en los materiales utilizados para su construcción. Luego en otro extremo encontramos construcciones donde destaca la combinación de los estilos gótico y barroco y allí también se repite el proceso en el que James oficia de relator y conservador que nos recuerda de dónde venimos.

En los últimos treinta años el proceso de transformación de la zona ha sido intenso y actualmente se caracteriza por contener a un fuerte polo gastronómico, cultural y audiovisual.

Por su extensión, Palermo se ha dividido en diversas unidades que aún vinculadas entre sí, se caracterizan a partir de las actividades que han congregado y entonces se denominan a partir de ellas, es el caso de Palermo Soho que contiene al sector gastronómico y cultural y Palermo Hollywood que destaca por concentrar a las empresas dedicadas a la producción audiovisual, como los canales de televisión privados que han aprovechado los grandes galpones que refieren a un pasado industrial y comercial ahora renovado.

La creación de Palermo se relaciona con la figura de Don Juan Manuel de Rosas, Gobernador de la Provincia de Buenos Aires y principal caudillo de la Confederación Argentina quien en el año 1836 adquirió estas tierras construyendo en ellas su casa. La misma estaba ubicada en la esquina sudeste de las actuales avenidas Del Libertador y Sarmiento. Como consecuencia de la iniciativa de Sarmiento se inauguró el Parque Tres de Febrero, poco después le siguieron el Jardín Botánico y el Jardín Zoológico. La zona, que será conocida después por Los Bosques de Palermo, fue intervenida y desarrollada por el arquitecto francés Carlos Thays cuya obra es celebrada y marcada por James, como una de las más importantes en el desarrollo urbano de la ciudad.

Carlos Thays, arquitecto, naturalista, paisajista, urbanista y periodista francés, realizó la mayor parte de su obra en la República Argentina y también en Uruguay, con lo cual aquí tenemos un punto de contacto más que suma a la larga lista de vínculos que le permiten a James señalar al Río de la Plata como su lugar en el mundo. Thays fue Director de Paseos de la ciudad de Buenos Aires y concretó la remodelación de la mayoría de los espacios verdes que a la postre resultaron determinantes en la fisonomía urbana nacional argentina. Diseñó y construyó jardines para una importante cantidad de edificios públicos y es el responsable de la proliferación de árboles que hasta el día de hoy establecen el paisaje de las calles de Buenos Aires. La figura de Thays no se limita a los parques y jardines, también debe asociarse a las trascendentes acciones desplegadas por su talento en el desarrollo de la idea del patrimonio natural argentino, acciones que llegaron incluso hasta promover el cultivo industrial de la yerba mate, develando su proceso de germinación.

EL CASCO HISTÓRICO

Monserrat es la zona más antigua de la Ciudad de Buenos Aires, allí se establecieron en el año 1580 los primeros pobladores españoles y se construyó La Plaza de Mayo, escenario por el cual ha desfilado la historia de la República Argentina. Por sus calles James camina a diario, cuando está en la ciudad, ya que en ellas descansa el tesoro cultural de la ciudad que se despliega tanto en la arquitectura de sus casas y edificios como en los testimonios de la historia argentina que allí se mantienen.

Es el barrio que alberga, además de la mencionada primera plaza, al Cabildo porteño, la Casa de Gobierno y el Congreso de la nación. Pero también es el lugar donde desde el comienzo de la historia operan los talleres artesanales que hoy resguardan las artes y los oficios ancestrales.

Monserrat adoptó su nombre en el año 1769 tras la creación de la Parroquia de Nuestra Señora de Monserrat. En la actualidad concentra edificios públicos, bancos, oficinas, museos y las sedes del Poder Ejecutivo Nacional y el Gobierno de la Ciudad. Al finalizar los años noventa del siglo pasado y luego de importantes intervenciones urbanas, como el programa San Telmo-Monserrat, comienza una etapa de reconstrucción y recuperación de este casco histórico, proceso en el cual James Boyd Niven participa desde su trinchera de investigador, restaurador y difusor de valores culturales.

En estas calles encontró uno de los apartamentos en los que intervino y ocupó durante algunos años. El piso destacaba por la calidad constructiva de sus interiores, con pisos de roble de Eslavonia, paredes molduradas y una carpintería rica en calidad y ornato y lo más importante, con una distribución curiosa que establecía una sucesión de ambientes que era posible recorrer atravesándolos en secuencia. El edificio fue construido por la familia Canale, el fundador de la histórica fábrica de galletitas y panes dulces CANALE, una de las Instituciones comerciales del país. José Canale y su esposa, Ana, eran Genoveses que arribaron a la Argentina en el año 1800 y siete años después instalaron una modesta panadería de barrio. Con esfuerzo y un tesón propios sólo en los colonizadores, este matrimonio construyó un imperio de dimensiones épicas. La primera fábrica CANALE funcionaba a muy pocas cuadras de la esquina que forman las calles Venezuela y Santiago del Estero, donde Canale decidió construir un edificio para renta destinando el segundo piso a su residencia.

Monserrat, incluye en su territorio a la totalidad de la avenida de Mayo y también conserva la histórica "manzana de las Luces", el edificio que originalmente fuera la sede de la Universidad de Buenos Aires y de la Sala de Representantes.

Más allá de las inevitables referencias históricas que propone el barrio, para James mucho más que todo ello representa el hogar de las artes y oficios de la ciudad. En sus calles desde siempre han funcionado los talleres artesanales que trabajan la madera, el hierro, el yeso y la cerámica, entre otros oficios ancestrales que tanto valor han aportado a la construcción de la ciudad.

La Golonda
PARRILLA

BUENOS AIRES ART DÉCO Y RACIONALISMO

23

APOLO
CINE LUX
MORO
CMIA. HNOS.-RATTI

MARIO BUATTA
LUXURY LIVING NEW YORK
Sanctuary
Meissen
TEXTILES
ANTIQUARIES
RICHARD PRINCE
WARHOL
PARIS IN THE 1920s
LIVING IN STYLE PARIS
PALM BEACH
ERIC STANTON
CONTEMPORARY WORLD INTERIORS
LUXURY HOTELS
ART DECO
ANDO
Arata Isozaki
YOSHITOMO NARA
de Kooning
NORDIC LIGHT
DAVID HICKS
JOHN FOWLER
KIT KEMP
DEALER'S CHOICE
FLORIDA
CARIBBEAN HOUSES
NEW YORK PARTIES
FRENCH RIVIERA in the 1920s
Master Artisans
EYEMAZING
BAZAAR
MAGIC
BIRDS
CIRCUS
ORSON WELLES
DAVID LACHAPELLE HEAVEN TO HELL
HAM HOUSE
LONDON
ALNWICK CASTLE
CASA SAN MIGUEL
ESTANCIAS

TOPSHOP INVITE
LE BARON
BANKS

Creamier
CONTEMPORARY ART IN CULTURE
RICK OWENS

YEAR
RIA ARGENTINA

for now

Young To Die

ZULLY MORENO
JORGE MISTRAL
"AMOR PROHIBIDO"
SUSANA CAMPOS BEATRIZ TAIBO
FRANCISCO LOPEZ SILVA
SANTIAGO GOMEZ COU
DIRECTOR: LUIS CESAR AMADORI
MIRTHA LEGRAND
Alberto CLOSAS
Dirección Daniel TINAYRE
"LA VENDEDORA DE fantasías"
JAMÁS LA PASION FUE MAS EXALTADA! JAMAS LA VIOLENCIA FUE MAS DESPIADADA!
ISABEL SARLI
en
LA LEONA
ISABEL SARLI
EXTASIS

MAPA
DE LA
REPÚBLICA ARGENTINA
LE CORBUSIER
LE GRAND

LES CHAMPIGNONS

LE CORBUSIER
LE GRAND

Too Young To

MAPA
LES CHAMPIGNONS

23

MONTEVIDEO

EL GRAN HOTEL

La agenda de James registra direcciones en distintas partes del mundo y contiene tanto amistades como clientes para los que ha desarrollado proyectos que ha llevado a cabo y generan vínculos que se mantienen en el tiempo. Desde esa condición, podemos afirmar que el ámbito para su trabajo es el mundo, el lugar para la vida, el Río de la Plata, donde entre dos orillas, retiene la historia familiar que le permite proyectarse.

Al finalizar el año 2016 regresa a Montevideo luego de algunos años sin visitar la ciudad. Este viaje es distinto, debe desarrollar un proyecto importante, un gran hotel de formato y carácter internacional. El trabajo lo lleva a recorrer la ciudad y auscultarla con singular detenimiento. El Hotel se llamará Montevideo y James establece que debe contener la esencia cultural y social de la ciudad y no lo duda, encuentra en el mundo de la Belle Époque el mejor momento para recrear las bases de las costumbres y tradiciones que en los años posteriores quedarán como una clara referencia.

La tarea de investigación y relevamiento, la conformación del equipo de trabajo y el diseño del edificio demandan tiempo y así los viajes de James a Montevideo se tornan cada vez más frecuentes hasta que al finalizar el año 2018, decide instalarse definitivamente en Uruguay.

El hotel está ubicado en el corazón de Pocitos, en la zona antigua, uno de los barrios más característicos de Montevideo. La ubicación escogida posee características particulares, se trata de una esquina ochavada que forman las calles José Benito Lamas, José Ellauri y 26 de Marzo. Para el inicio de las obras, James ya había decidido instalarse con carácter permanente en Montevideo y es así que encuentra su lugar en Punta Carretas, frente al Club de Golf e instala su Estudio en el casco histórico de la ciudad, allí donde todo comenzó.

Cuando por razones profesionales debe permanecer por largas temporadas en el país, decide instalarse formalmente en Montevideo iniciando un romance con la ciudad que se alimenta en los paseos en bicicleta por su casco histórico, el centro de la ciudad Nueva y por la maravillosa costa sobre el Río de la Plata que le permite atravesar la ciudad de Sur a Este.

Montevideo es la capital y principal ciudad de la República Oriental del Uruguay, es también la sede oficial del Mercosur y de la ALADI (Asociación Latinoamericana de Libre Comercio). Es la ciudad capital más austral de América y se ubica en la zona meridional del país. Está catalogada como una ciudad global de categoría beta y posicionada como la séptima urbe de Latinoamérica y la número setenta y tres en el mundo y desde el año 2006, mantiene la calificación de ciudad con mejor calidad de vida en la región.

CIUDAD VIEJA

Al momento de instalar una sede de su Estudio profesional en Montevideo, James no dudó en concentrar la búsqueda en el Casco Histórico de la Ciudad. Y no es casualidad que luego de una intensa tarea de rastreo e investigación, optara por un edificio construido en el año 1910 en las inmediaciones de la Plaza Zabala, corazón de la Ciudad Vieja. El hallazgo resultó en una gran oportunidad, el edificio ocupa la esquina que enfrenta al Palacio Taranco, donde funciona el Museo de Artes Decorativas de Montevideo.

La primera expansión de la ciudad se orienta hacia el Oeste, la costa sobre el Río fue negada en ese primer movimiento y es descubierta recién en los primeros años del siglo pasado. En el correr del siglo XIX, al igual que Buenos Aires, Montevideo recibió grandes cantidades de inmigrantes europeos.

La diversidad cultural del país y esa cosmovisión que caracteriza a la ciudad de Montevideo se construyó a partir del aporte migratorio que le aportó gestos culturales y religiosos muy importantes. Para el año 1908 el 30 % de los habitantes de la ciudad eran extranjeros.

LA PLAZA ZABALA

La influencia de la cultura europea jamás abandonó a Montevideo. Cuando el espíritu de la Belle Époque arribó a la ciudad, se materializó con la idea de recrear las ciudades jardín del viejo continente, tarea que emprendió la Dirección de Paseos de la Intendencia de Montevideo al encomendar el proyecto al arquitecto y paisajista francés Edouard André. Los senderos serpenteantes, bordeados por amplios canteros de césped con macizos de flores, la variedad de especies de árboles que se plantaron, conjugaron con el equipamiento de estilo gótico instalado, los faroles montados sobre columnas afacetadas, el bebedero con el cazo pendiente y las rejas ochavadas que delimitó su perímetro.

La Comisión de amigos de la Plaza Zabala se ha ocupado de recuperar y recrear el carácter original del lugar, lo que significa un aporte invalorable para el casco histórico que encuentra en esta plaza un espacio que conmueve y permite al transeúnte, transportarse en el tiempo. Una gran pieza de bronce, escultura del español Lorenzo Coullaut Vaera y del arquitecto vasco Pedro Muguruza Otaño, ubicada en su centro rinde homenaje a Bruno Mauricio de Zabala, fundador de la ciudad.

Recientemente y a propósito de tareas de mantenimiento se descubrieron los restos de la construcción original, el Fuerte Grande de la Ciudadela, proyectado por el Ingeniero Petrarca, responsable del proyecto general de la Ciudad Vieja. El Fuerte Grande fue una de las primeras construcciones militares y se levantó entre los años 1724 y 1725 con el objetivo de defender a la ciudad colonial. Por razones de logística militar, la implantación del fuerte no respetaba la disposición en damero que se proyectó para el resto de la ciudad, y su orientación Norte /Sur, lo que supone que su perímetro está girado con relación a las calles que le acceden.

Al finalizar el siglo XVIII perdió su razón de ser y la construcción comenzó a utilizarse como residencia para los distintos gobernadores y dependencias de la Administración Pública. Allí funcionó la Biblioteca Nacional, el Tribunal de Apelaciones y sede del Poder Ejecutivo cuando la instalación de la República, entre los años 1830 y 1880. Años después y por decreto del régimen de Lorenzo Latorre el edificio fue demolido y el terreno, convertido en plaza pública.

En el relato de James, que narra la historia con particular gracia, imaginar la ciudad y su casco histórico, con su muralla original y el edificio del Fuerte Grande, nos hacen pensar en un valor agregado fantástico que en el caso de la Plaza Zabala nos edulcora la situación aminorando esa rara sensación de pérdida que genera conocer la historia y pensar que no debió ser así.

EL PALACIO TARANCO

El marcado acento europeo del paisaje urbano de la Plaza Zabala está coronado por dos edificios que recrean el espíritu de la Belle Époque montevideano, el Palacio Taranco y la Casa Sáenz de Zumarán. Ambos volúmenes establecen un escenario ideal para la composición que luego integra otros edificios, construidos en años posteriores que aportan color y vida al lugar. Irremediablemente, todos los paseos de James terminan en esta plaza donde el Palacio Taranco lo conmueve y estimula.

El edificio se levanta imponente en el flanco oeste de la Plaza Zabala, hacia el cual se orienta el acceso para el pequeño jardín cerrado que le aporta ese carácter tan particular al conjunto. El Palacio Taranco, actualmente sede del Museo de Artes Decorativas fue construido por orden de los hermanos Félix, José y Hermenegildo Ortiz de Taranco en el año 1907 en el terreno que entonces presentaba las ruinas del Teatro San Felipe, originalmente Casa de Comedias. El diseño del edificio fue encargado a los arquitectos franceses Charles-Louis Giraualt, autor del Petit Palais de París, y Jules-León Chifflot. La construcción fue encomendada a la empresa constructora de John Adams, responsable también de la construcción del edificio para el Hospital Británico de Montevideo.

Los arquitectos presentaron 72 planos manuscritos y una serie de 29 acuarelas con indicaciones para la ornamentación del volumen, con recomendaciones específicas para la compra del mobiliario, los objetos decorativos y las obras de arte que los hermanos Taranco respetaron y adquirieron en sus viajes regulares a Europa. Sus pisos están revestidos en roble trabado estilo Versalles, las bocas de las estufas, columnatas y jardineras son de mármoles de Génova y todo el alhajamiento interior fuer realizado por la Maison Krieger de París.

El edificio, que también posee frentes sobre la calle 25 de mayo, es un volumen triangular desarrollado en tres plantas y el acceso principal fue resuelto con una elegante rotonda para carruajes y ubicada en la esquina que forman las calles 1° de mayo y 25 de mayo. Sus fachadas fueron resueltas en estilo ecléctico con una marcada influencia que lo vincula al Luis XVI. La espacialidad interior mantiene ese carácter y se apoya en elementos decorativos de los estilos Luis XV, Regencia y Luis XVI.

La residencia fue habitada por la familia Ortiz de Taranco hasta el fallecimiento de Félix en el año 1940. Su esposa, Elisa García de Zúñiga, inició las tratativas para vender la propiedad al Estado uruguayo, que concretó la compra en el año 1943, incluyendo el mobiliario. La familia donó las obras de arte con el expreso propósito de que se destinara el edificio y la colección a la constitución del Museo de Artes Decorativas.

LA AVENIDA ART NOUVEAU

... la Arquitectura es la envolvente espacial que rodea y protege al hombre... y en esa definición que nos presenta James surge la clave para comprender la importancia que tiene la forma en que las estructuras nos contienen. En sus proyectos las estructuras ocupan un lugar importante a partir del cual genera los relatos que reflejan con sorprendente fidelidad el espíritu y el carácter de sus habitantes. Construye atmósferas donde el confort atiende tanto al cuerpo como al alma y entonces, con el mismo énfasis, los espacios en los que vive y trabaja representan su manera de ser y hacer, tarea que supone la búsqueda de los materiales, las texturas, las técnicas, los colores y las formas que animan las historias que el espacio es capaz de contarnos. No es casual entonces, que para instalar su Estudio en Montevideo llegara hasta el casco histórico, donde las referencias a la fundación están presentes, y mucho menos que encontrara su lugar en un edificio construido en el año 1910, sobre la calle 25 de mayo.

En su despacho, James trabaja en el diseño de sus proyectos y aborda el mundo de los detalles que cada uno trae consigo. Al mismo tiempo es el espacio donde recibe a quienes acuden a él en procura de sus servicios profesionales. No le gusta referirse a ellos como "clientes", de la misma manera que no define al resultado de su trabajo como "productos". Con énfasis sostiene que trabaja para habitantes para los que genera espacios habitables y que el resultado son intervenciones singulares. Tan singulares como lo son quienes las habitan.

Conociendo a James resulta difícil imaginarlo en otro lugar fuera de la Ciudad Vieja y en otra calle. Sucede que 25 de mayo es la avenida Art Nouveau de Montevideo. Es breve y se desarrolla a lo largo de apenas quince cuadras que encierran un selecto repertorio de edificios que, construidos en los primeros años del siglo pasado, interpretan singularmente el espíritu del Art Nouveau. No son muchos los ejemplos que la ciudad conserva de este estilo, con lo cual caminar por esta calle, vía de acceso al casco histórico por su flanco derecho, supone todo un viaje. El estado de conservación de los edificios es irregular, muchos de ellos han sido intervenidos injustamente, otros en su abandono presentan intacto el sabor y hasta el perfume original, lo que para James es mejor que una mala restauración.

La excelencia establece condiciones y entonces la dinámica de funcionamiento de James impone la necesidad de contar con artesanos capaces de restaurar, recrear o crear aquellas piezas que sus proyectos demandan. La instalación de su Taller de Oficios en un antiguo edificio ubicado sobre la calle Colón, a pocas cuadras de su despacho, le permite el espacio para dar forma y materializar las ideas que integran sus proyectos.

POCITOS

A principios del siglo XIX, la zona era utilizada por las lavanderas que al arrodillarse para proceder con su trabajo generaban pequeños pozos (pocitos) en la rivera del cauce de agua dulce que luego fue denominado Arroyo de los Pocitos.

El territorio que ocupa se ubica sobre la costa del Río de la Plata y la playa generada en sus costas toma su nombre. Como todos los barrios montevideanos, sus orígenes son los de poblados independientes que con el transcurso del tiempo terminan integrándose a la ciudad. En el caso de Pocitos que para los primeros años del siglo pasado era una estación balnearia que seguía las premisas de los modelos europeos, la inauguración del Gran Hotel Pocitos, una enorme construcción sobre el centro de la Playa, resultó desequilibrante. El proyecto se orientaba en la línea del exitoso emprendimiento desplegado, pocos años antes, en el Parque Urbano, luego José Enrique Rodó, con el Hotel, Casino y Teatro del Parque.

El edificio del Hotel de los Pocitos, fue destruido por un temporal severo en el año 1935. Pocos años antes, había sufrido otro accidente natural muy importante. Su demolición resultó inevitable. Para entonces el barrio ya contaba con una rambla ancha y convocante y estaba poblada por grandes residencias de fin de semana. Las facilidades que ofrecían las vías de acceso públicas con los caminos originales, hoy las avenidas Brasil y Bulevar España, hicieron posible que rápidamente el lugar se convirtiera en un punto de recreación ideal, era el paseo del fin de semana, tanto así que la primera línea de tranvías eléctricos de Montevideo, inaugurada por la firma británica La Comercial, inició sus servicios en el año 1906, con el trayecto Aduana - Pocitos.

A partir del año 1915 comienzan a construirse las primeras casas que enriquecen el paisaje entonces poblado por grandes casas quintas; entre los años 1920 y 1939, la empresa constructora Bello y Reborati construyó 400 casas en la zona, muchas de las cuales aún se conservan y son habitadas. La obra de esta empresa constructora, que podemos ubicar afiliada a los conceptos del movimiento inglés de Arts and Crafts, es muy rica y contundente en su legado de construcciones nobles y de buena ejecución.

El proceso de crecimiento y desarrollo de la zona fue intenso y sostenido y así la zona se convirtió en un barrio de la ciudad y para los años cuarenta del siglo pasado, se convierte en la zona más densamente poblada de la ciudad.

Cuando James comienza a delinear el proyecto para el Hotel Montevideo, ubicado en esta zona neurálgica de la trama urbana de la ciudad, se encuentra con un barrio dinámico que en mérito a su ubicación geográfica lo ubica a minutos del centro tradicional de la ciudad, a unos minutos más del Aeropuerto Internacional y segundos de la rambla, que capta naturalmente la visita de los turistas y que también constituye un paseo obligado para los habitantes de la ciudad.

LOS HOTELES EN LA HISTORIA DE POCITOS

Cuando James comienza a delinear los primeros trazos de su proyecto para el Hotel Montevideo apela a sus ideas a propósito del gesto de recibir y contener y a su particular concepto estético que se apoya en la necesidad de narrar, contar una historia. Al apelar al mejor momento de la ciudad, aquel denominado de la Belle Époque, bucea en las tradiciones y costumbres de la época, con lo cual regresa a las raíces, la sociedad uruguaya es europea. Y lejos de renegar de su tiempo, la estructura que desarrolla con el Estudio Gómez Platero, Arquitectura y Urbanismo, de líneas rectas y contemporáneas que trasmiten claras referencias a la postmodernidad, se apoya en ellas para exhibir lo que resulta ser importante, sus contenidos.

Los contenidos con los que trabaja James para el hotel se vinculan estrechamente con la historia de una época fermental de la ciudad y se ubica en una zona que apoyó su razón de ser en los modelos de la cultura europea. Entonces fue el concepto del balneario europeo que se apoyaba en la creación de un hotel, hoy, como siempre, es un gran hotel como centro de atención social y cultural.

EL PARQUE RODÓ

Ese momento de la vida uruguaya que asociamos con la Belle Époque y que podemos ubicar entre los últimos años del siglo XIX y el inicio de la Primera

Guerra Mundial, es el resultado de la experiencia parisina de los montevideanos que la visitaban con frecuencia. En esos años Montevideo vivió un periodo de bonanza económica singular que marcó el derrotero para una ciudad que crecía y se desarrollaba. La cultura uruguaya, su arquitectura y su paisaje fueron influenciados claramente por la cultura francesa. Los habitantes de Montevideo aspiraban a contar con paseos románticos que enriquecieran el austero damero colonial y París surgió como el modelo a imitar. Así el concepto de uso del espacio público parisino fue introducido al país por los uruguayos que viajaban a la ciudad luz de Haussmann y regresaban deslumbrados.

El gesto contó con el concurso de un sinnúmero de paisajistas y arquitectos franceses que, especialmente contratados tanto por particulares como por el estado uruguayo, generaron importantes intervenciones en la trama urbana montevideana. Al finalizar el siglo XIX los arquitectos franceses Carlos Thays y Carlos Racine comienzan a diseñar el por aquellos años llamado Parque Urbano, actual Parque Rodó. El territorio destinado contaba con una circunstancia geográfica única que lo distinguía en el mundo, al incorporar la costa sobre la Playa Ramírez. Los trabajos para la conformación de este paseo público comenzaron en el año 1900.

A partir de la inauguración del Hotel, el Parque se convirtió en la principal atracción social y cultural de la época. El proyecto del arquitecto francés Pierre Lorenzi se construyó por iniciativa de la firma Luis Crodara y Cía. Se inauguró en la noche del 30 de diciembre del año 1909 con una gran fiesta de gala que originalmente había sido programada para la noche de navidad y debió ser pospuesta debido al atraso en el arribo del barco que transportaba las cocinas desde Alemania. La velada inaugural contó con dos grandes orquestas contratadas en Buenos Aires. El Hotel del Parque Urbano fue el escenario para memorables fiestas que todos los fines de semana congregaban a los habitantes de la ciudad y en carnaval era el lugar para los "veglioni" de la que participaban las más importantes orquestas internacionales y rioplatenses entre las que son señaladas las de Armando Oréfiche y los Lecuona Cuban Boy.

Casi al mismo tiempo, en el año 1915, a poca distancia del Parque Urbano y sobre la costa misma de la playa de los Pocitos, se inauguraba otro Hotel que en la misma sintonía proponía un escenario alternativo, el Hotel de los Pocitos. Comenzó a construirse en el año 1912. Entre los habitués figuraban muchos uruguayos pero ciertamente la gran mayoría de los huéspedes eran argentinos. El emprendimiento era propiedad de la empresa de tranvías inglesa, La Comercial. Su emplazamiento era singular, ocupaba la playa misma y se imponía como un arco de dimensiones similares a una manzana urbana. Se desarrollaba en dos plantas y contaba con terrazas perimetrales que se integraban a la rambla.

Ambos emprendimientos jalonaron el crecimiento y desarrollo de la ciudad aportando al turismo regional e internacional y promoviendo la creación de urbanizaciones que pronto comenzaron a desarrollarse en la zona.

ACEITES
CEPILLOS AMOLADORA
CEPILLOS CERDAS
CEPILLOS PLASTICO
PLASTIC
GOMA
ELECTRICIDAD
HIERRO
TECLAS
PATAS
ZOCALOS
MENSULAS
GUVIAS
RUEDAS
E14
VARIOS
RIEGO
TRABAS
E27
ESCUADRAS
ESQUINEROS
BURLETES
SPOTS
BISAGRAS
REGATONES
VELCRO
TOMAS
GARGOLAS
RUEDAS
CORTINAS
PICOS
GANCHOS

CEPILLOS METAL
STENCILS
LUSTRE
RODILLOS
BRONCE
LLAVINES
TIRADORES
PERCHAS
ESQUINEROS
CUBETAS
CANASTAS
DUCHA MANO
PASADORES
MANIJAS
DESAGUES
CERROJOS
BISAGRAS
RUEDAS
ROSCAS
FALLEVAS
MANIJONES
JABONERAS
REJILLAS

HOME
CERVECERIA POPULAR

JEFFREY BILHUBER
MARIO BUATTA
PALM BEACH
HEARST CASTLE
CALIFORNIA
MIES
ROBERT STILIN
THOMAS HAMEL
MOËT & CHANDON

BUENOS AIRES
ARGENTINE ARTISTS
URUGUAY
BRAZIL
MEXICO
CUBA
FLORIDA
PALM BEACH
NEW YORK
WASHINGTON
CALIFORNIA
LOS ANGELES
AMERICAN DESIGNERS
AMERICAN FASHION
VINYL FLOORING
SYNTHETIC WICKER
SAFETY

CARRARA VENATINO
CARRARA C
BLANCO TURCO
GINEBRA BEIGE
CALACATTA
CARRARA
DALMASIA
DESERT BEIGE
PERLINO BIANCO
PERLINO BIANCO
GOLDEN CREAM
BOTICINO
SINAI PEARL
BOTICINO FIORITO
TRAVERTINO AL AGUA
TRAVERTINO NAVONA A LA VETA
CREMA MARFIL
TRAVERTINO AL AGUA RUSTICO
BRECCIA AURORA
COLOMBIANO
PIEDRA MUÑECA
TRAVERTINO NOCHE

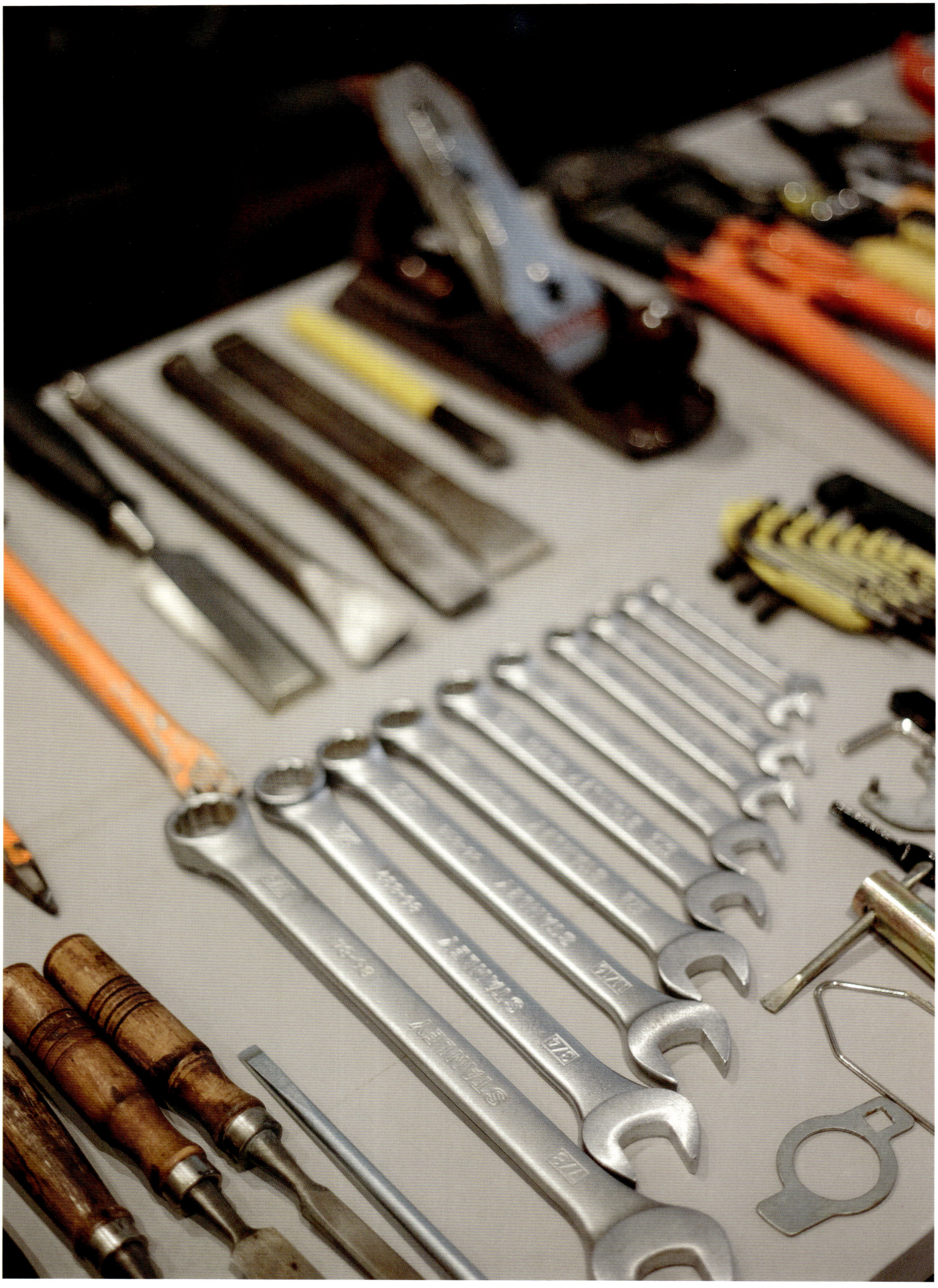

ACCIAIO TEMPERATO

Fria
MONTEVIDEO

HOTEL MONTEVIDEO

El edificio es un testimonio de su tiempo y se levanta con singular gracia en el corazón de Pocitos. El nombre escogido refiere al concepto con el cual ha sido concebido, es un espacio diseñado para recibir y acoger a los visitantes con el mejor espíritu que define y caracteriza a la ciudad y sus habitantes.

El proyecto encargado a James Boyd Niven, un gran Hotel, traía consigo el compromiso de concebir tanto su estructura, como el carácter a partir del cual funcionaría. La elección del lugar y sus características espaciales, formaban parte sustancial del emprendimiento. La determinación del lugar, la elección del estudio de arquitectura responsable del proyecto y la empresa constructora para su realización, son el resultado del análisis exhaustivo de cada una de las instancias y de la conjunción de estas con el espíritu del proyecto: generar un edificio para albergar a un hotel que presente la síntesis del ser nacional uruguayo. A partir de esa premisa, James desarrolla el concepto que hoy genera el mismo impacto que a principios del siglo pasado lograron los primeros hoteles de la zona, conmueve a los habitantes de la ciudad que lo adoptan como propio y al mismo tiempo le aporta a la ciudad un sitio de referencia para los visitantes internacionales que cada vez en mayor cantidad llegan hasta la capital más austral del continente.

El edificio se integra respetuosamente a la zona, marcando una clara impronta de modernidad. El proyecto logra incorporar el espacio público al acceso, generando un fuerte vínculo entre la estructura y la calle, para lo cual sacrificó metros cuadrados a su planta con la intención de sumar al ensanche de la vereda existente.

COMO UNA GRAN CASA

La historia que James nos narra en el Hotel Montevideo se apoya en los mejores momentos de la historia social y cultural del país y entonces se remonta hacia principios del siglo pasado y llega hasta los años cincuenta. James no trabaja con la nostalgia sino con la memoria y entonces recrea atmósferas donde las mejores tradiciones recuperan espacio y nos tientan a revivirlas en clave contemporánea. El Hotel Montevideo irrumpe ante la sociedad montevideana y ante el visitante del exterior, como una gran casa donde la esencia del ser nacional uruguayo se revela, naturalmente.

Los espacios de encuentros para el café y las veladas que se prolongan en tertulias interminables animan el concepto de calidad espacial de los ambientes del Hotel, en especial las áreas de uso público, como la recepción, el bar y el restaurante ubicados en la planta baja. En ellos la memoria de los cafés emblemáticos de Montevideo ha sido fuente de inspiración para James.

El restaurante se llama Polo Bamba y nos recuerda al célebre café montevideano, fundado por Francisco San Román en el año 1885 y en el cual, hasta su cierre en el año 1913 se reunían los intelectuales, artistas y políticos para permanecer durante horas en interminables tertulias que convirtieron al lugar en uno de los café literarios más emblemáticos de la ciudad. Su estética representaba un nuevo tipo de café y se relacionaba con lo que entonces sucedía en Madrid y París y a los que también entonces funcionaban en Buenos Aires o Río de Janeiro.

El diseño de todas las instalaciones y el equipamiento del Hotel Montevideo fue resuelto por James y sus equipos de trabajo y producción. Cada pieza fue estudiada y concebida a partir de su contribución al gran relato que se presenta en los espacios del Hotel. El mobiliario, los colores, la vajilla, ropa de cama, todo rinde tributo a la calidad, la excelencia y a la exaltación de nuestra historia.

POLO BAMBA

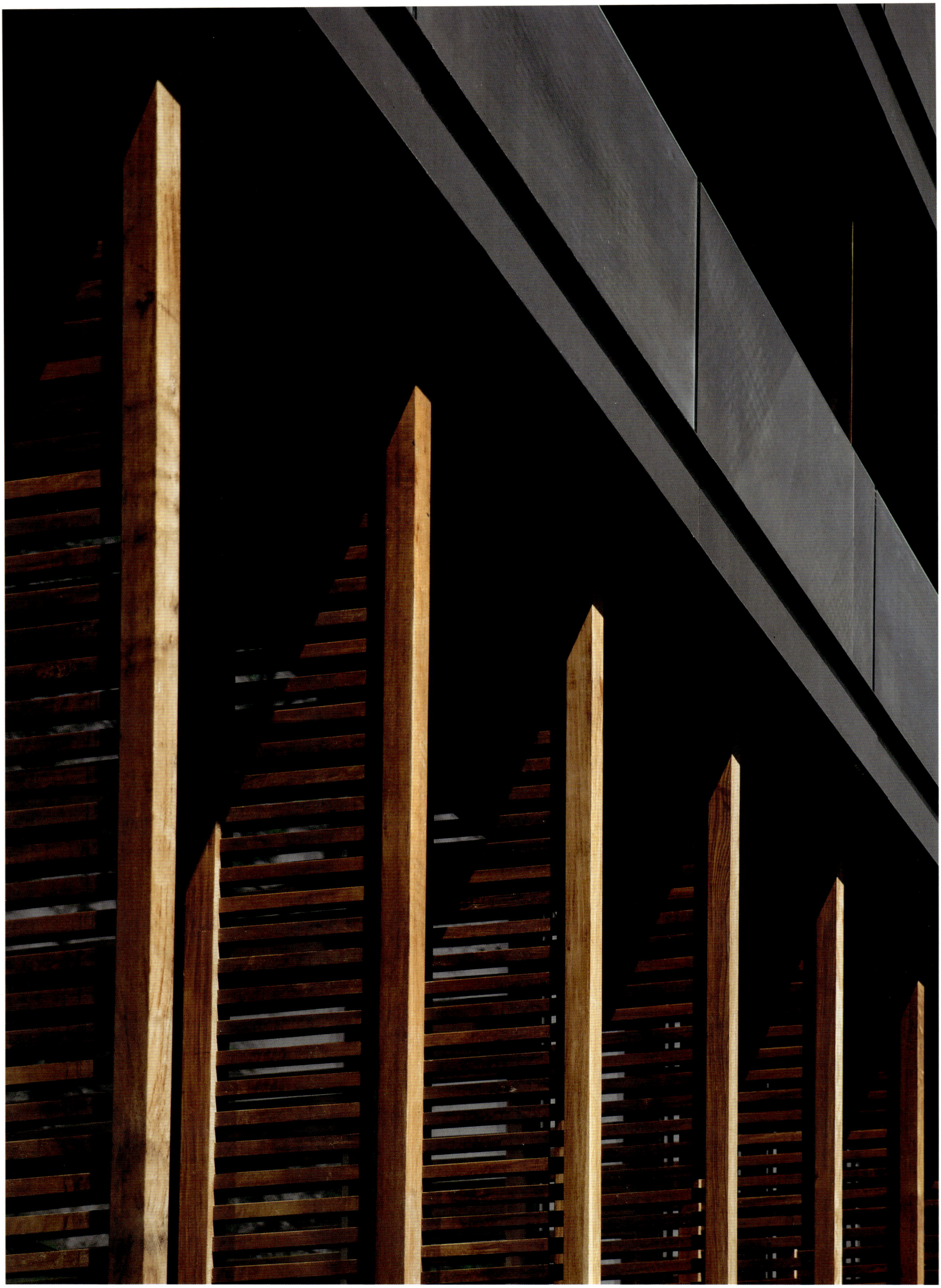

202

WRIGHT
1943–1959

IND.URUG
Elisil

SEÑORAS
SEÑORAS

LAS PAMPAS

En la creación y desarrollo del espíritu social de la región, el paisaje y sus condiciones geográficas y climáticas aportan elementos que, junto a la carga de las historias y tradiciones con la cual arribaron los primeros pobladores, definieron las características culturales de una región que finalmente se resolvió en dos naciones que a poco que las revisamos tienen mucho en común. La cultura es un fenómeno social que se conforma a partir de las ideas, tradiciones y costumbres que definen tanto a una sociedad determinada como a una época.

El trabajo de James Boyd Niven es entonces, el resultado de procesos creativos en los que el paisaje y las pautas culturales del lugar se imponen y de esa manera, sus intervenciones en la ciudad rescatan raíces que lo trasladan hacia el mundo rural y en el campo las mismas pautas lo relacionan con la ciudad. Sucede que las sociedades del Río de la Plata, la argentina y la uruguaya, han crecido y desarrollado a partir de las riquezas generadas por las actividades agropecuarias.

Estos conceptos se apoyan en la definición del término que establece a la forma como al conjunto de líneas y superficies que determinan la planta, el contorno o el volumen del objeto en contraposición a la materia de la que está compuesta. Y allí es donde emergen los contenidos con los que James tan bien se relaciona. La restauración de puertas y antiguas rejas, la construcción de las mismas, el concepto de la escala, las alturas y dimensiones espaciales, todo se relaciona con estos antecedentes en los que el paisaje y la cultura, definen, se imponen. Cuando se trata de proyectos en los que debe concebir la estructura, el concepto arquitectónico se despliega con los valores de nuestro tiempo pero basándose en los mismos conceptos, escala, calidad constructiva, excelencia en los procesos.

El equipamiento, la elección de los muebles y los complementos que establecen el marco para las atmósferas que desarrollan, generan armonía y equilibrio a partir de formas variadas que se ajustan al perfil de los habitantes, pero sin olvidar donde se encuentran. Es el caso de las intervenciones de James en las casas de campo, cascos de estancia, se trataba de restaurar, recomponer y en algunos casos integrar nuevos espacios, incorporando todo el confort de nuestro tiempo.

Sus proyectos para las casas en los campos de Gualeguay, Provincia de Entre Ríos en la Argentina y de Libertad, Departamento de San José en Uruguay, se trataban de construcciones muy antiguas, compartían una historia común, desde que en ambos casos ocupan escenarios donde transcurrió buena parte del proceso independentista de la región, tierras muy ricas que aportaron al desarrollo y crecimiento de los dos países hermanos.

En el caso del casco de estancia ubicado en Gualeguay, capital provincial de la Cultura de Entre Ríos, se trata de una vieja construcción que perteneció a uno de los caudillos de Urquiza. Importa saber que la provincia de Entre Ríos integra la mesopotamia argentina conformada por los ríos Uruguay y Paraná, en el litoral argentino. La provincia ocupó un papel muy destacado en la etapa de organización del estado nacional argentino, fue territorio federal de la capital del país cuando el mandato de Justo José de Urquiza, primer presidente constitucional del país.

En Uruguay, el casco de Estancia intervenido por James se ubica en la zona del pueblo Libertad, del Departamento de San José, tierra también asociada íntimamente al proceso histórico de crecimiento y desarrollo del país y la región. En esas tierras el ejército patriota del General Manuel Belgrano derrotó a las fuerzas realistas, allí pasó el éxodo del Pueblo oriental y fue donde se reunió la primera asamblea general constituyente.

En ambos casos los proyectos respetaron la rica historia del lugar que emergía naturalmente en construcciones que seguían el patrón espacial de la época, muros gruesos que sostienen cubiertas a un agua y también azoteas planas que oficiaban como miradores, ambientes de dimensiones exiguas y ubicados en secuencia. La restauración le permitió incorporar los elementos tecnológicos que refieren al confort de nuestro tiempo.

La pasión por la historia, los gestos culturales y el arte establecen los cimientos sobre los que opera y construye James Boyd Niven. Así en su bitácora que incluye a un buen número de referencias culturales, dos personajes destacan naturalmente, Prilidiano Pueyrredón y Juan Manuel Blanes. Contemporáneos entre sí, ambos retrataron a la sociedad de la época fundacional de la región, con énfasis y acentos muy puntuales sobre el carácter rural y a la vez europeo de la cultura que se amalgamaba para generar lo que luego será el marco social que define a la región.

Los testimonios de su obra que aún podemos disfrutar están allí, en la casa quinta que proyectó para la familia Azcuénaga en Olivos y que actualmente es la Residencia Presidencial, o sus pinturas que destacan en los principales museos argentinos, donde los retratos de personajes, los tipos criollos y los paisajes quedan registrados.

Con Juan Manuel Blanes, James experimenta la misma pasión. La obra del primer gran pintor uruguayo lo estimula y relaciona con el proceso fundacional de la cultura rioplatense, especialmente en los "gauchos" que en su obra son retratados con sorprendente fidelidad. En estas, aparece el arquetipo humano que define al hijo de las pampas argentinas y el campo uruguayo, personajes nómades que reniegan de la propiedad que habitan las zonas ganaderas de Uruguay y las provincias de Buenos Aires, Entre Ríos, Corrientes y Santa Fe, ocupando también los territorios del Brasil meridional. El registro de sus atuendos y costumbres, han sido base para la recreación de los hombres y mujeres rurales de la región.

POLO BAMBA

LA PALMERA

James creció en paisajes urbanos y rurales donde las palmeras siempre han estado presentes. Su gracilidad siempre lo ha conmovido, pero es hasta la experiencia de vivir en Montevideo que aflora una relación íntima y personal con ellas. Sus troncos nervudos, delicados y altos, las hojas que la coronan y se abren como un abanico verde, delicado y extremadamente elegante, definen uno de los elementos a partir del cual estableció un diálogo franco con el paisaje rioplatense.

Siguiendo la pista de las palmeras dibujó un mapa que integra la región conformando un territorio vasto, Buenos Aires, Entre Ríos, las llanuras pampeanas, el litoral sobre el río Uruguay, el campo uruguayo, Montevideo, la costa Este uruguaya. Los Bulevares de Palermo, sus plazas y sus similares en Montevideo con un especial despliegue en la costa de Pocitos para llegar hasta José Ignacio, casi en la frontera con Brasil. Esa visión integradora encuentra en la esbelta planta un ícono que en sus proyectos le permite generar la síntesis al momento de concebir formas que se relacionen con el paisaje.

Las arecáceas son una familia de plantas monocotiledóneas, la única familia del orden Arecales a las que normalmente conocemos como palmeras o palmas, ocupan áreas con características ecológicas similares e ignoran los límites geográficos de los países. Las mismas palmeras nativas las encontramos en Argentina, Paraguay y el Sur de Brasil, con una distribución que dibuja un mapa donde la naturaleza integra. En el caso del paisaje uruguayo, esta flora de palmeras nativas conforma la población más austral del continente de este tipo de plantas, con lo cual han desarrollado la capacidad de adaptarse a un clima donde el viento y las heladas que llegan con el invierno son importantes. Tal vez por esa razón los paisajistas optaron por ellas para vestir la rambla montevideana, las grandes plazas y los bulevares de la ciudad.

Tanto Buenos Aires como Montevideo se encuentran entre las ciudades con más espacios verdes y cantidad de árboles por habitante, circunstancia que se potencia con la baja altura de los edificios de Montevideo y la presencia constante de la línea del horizonte. En ese contexto de calles y avenidas con fuerte presencia verde, las palmeras imponen un ritmo distinto, donde sus delgados troncos y su altura destacan naturalmente estableciendo el ritmo que potencia los valores de su escala.

En Uruguay se reconocen seis especies de palmeras, entre las cuales destacan: Pindó, variedad que se cultiva en todo el mundo, Butia y Caranday, también presentes en la llanura pampeana argentina, Butyagrus, que es un híbrido natural entre las palmas Butiá y Pindó, la Phoenix Canariensis, que es originaria de las Islas Canarias, la Washingtonia Robusta, palmera de abanico mexicana y la Palmera Real, planta nativa del caribe. Ese repertorio, que James disfruta al identificar en sus paseos, tiene mucho que ver con el carácter y la atmósfera que identifica al paisaje uruguayo.

La naturaleza establece un manto integrador que nos ayuda a entender la hermandad entre los pueblos que separa el Río Uruguay. Al detenerse en las palmeras, James Boyd Niven descubre un elemento singular que define paisajes y confunde horizontes. En la Argentina el Parque Nacional El Palmar, en el centro este de la Provincia de Entre Ríos sobre la orilla derecha del río Uruguay, alberga a uno de los palmares naturales más australes del planeta. Área protegida preserva los palmares de Butía Yatay, especie autóctona que llega a vivir entre doscientos y cuatrocientos años. Y en Uruguay, los Palmares de Rocha, distantes a tan sólo ciento trece kilómetros de José Ignacio, integra un ecosistema compuesto por diversas especies de plantas y animales, un gran bosque que crece entre llanuras, sierras y humedales. Allí también crece el Butía, en la variedad odorata que se distingue por su color verde ceniciento en sus hojas y su tronco que alcanza hasta nueve metros de altura.

Los proyectos de James en José Ignacio se relacionan con segundas casas y éstas lo llevan desde la playa misma hasta el mundo rural de la zona. En ambas situaciones desarrolla los conceptos que definen a su obra toda, afirmándose en el carácter del paisaje y nutriéndose de él.

José Ignacio, o Faro de José Ignacio, es un pueblo de pescadores devenido en balneario, instalado en una pequeña península que se adentra en el mar a través de los dos kilómetros de largo y los ochocientos metros de ancho que ocupa. Está flanqueado por las lagunas Garzón y José Ignacio y en su paisaje las palmeras establecen una parte importante de la flora autóctona. Ubicado sobre el océano Atlántico a cuarenta kilómetros de Punta del Este, hacia el este, su historia comienza en el año 1877 cuando se inaugura el Faro ubicado en el extremo más saliente y rocoso de la península. Alrededor de esta construcción se instalaron algunas familias de pescadores que fueron conformando el pueblo hasta que en la década de los años sesenta la península es descubierta por los veraneantes argentinos que lo eligieron para sus vacaciones.

En sus intervenciones, tanto en casas preexistentes como en obras nuevas, la relación entre los paisajes construidos y naturales se reivindica a partir del respeto y de la acción que determina volúmenes francos, funcionales y estéticamente relacionados tanto con sus habitantes como con la historia del territorio, donde el horizonte está marcado por el juego del océano, el río y la delicada y esbelta silueta de una palmera.

La fachada del Hotel Montevideo, que genera en su relación con el espacio público una intervención muy rica en la creación de un espacio verde, se resuelve a partir de la palmera que como una presencia testimonial nos recuerda dónde estamos. Con la misma intención y en una delicada apelación a nuestra memoria, el papel pintado escogido para revestir las paredes interiores, enseña magníficas reproducciones de la obra de Frans Post, el primer artista europeo en la historia que pintó los paisajes de Sudamérica. Las imágenes registradas por Post corresponden a los paisajes de Pernambuco y del río São Francisco, cuando estas formaban parte de la Compañía Neerlandesa de las Indias Occidentales en la por entonces Colonia Holandesa en el noreste de Brasil.

DASYLIRION
WHEELERI

EL VIAJE DEL HÉROE

Buenos Aires y Montevideo en algún momento fueron parte de la misma historia y si luego los avatares de la condición humana establecieron la realidad de dos países, esa distancia no opera ni en el paisaje ni en las gentes que lo habitan. Por esa razón, para James instalarse en Montevideo resulta algo tan fácil como mudarse de barrio o de Provincia, ir y venir supone un movimiento natural.

En sus historias las similitudes se marcan tanto como las diferencias. Buenos Aires, refundada en el año 1580 y Montevideo fundada en el año 1726 tienen legados culturales similares y sus cascos históricos enfatizan el parentesco que se basa en las corrientes migratorias también compartidas, con esos cientos de miles de europeos, especialmente españoles e italianos, que consolidaron su base poblacional. El Río Uruguay, barrera natural que establece la Banda Oriental al desembocar en el río ancho como mar, el estuario del Plata, separa las aguas y también establece dos tipos de costas distintas. En la capital uruguaya viven un poco más de un millón y medio de habitantes y en Buenos Aires y su área metropolitana habitan cerca de catorce millones. Montevideo entonces, tiene la población de un barrio bonaerense. Es entonces en la escala, donde emerge la principal diferencia entre ambas ciudades.

Luego de recorrer buena parte del mundo, James Boyd Niven regresa siempre a Buenos Aires y al hacerlo se aproxima a Montevideo. Lo convoca el trabajo, pero también las manifestaciones de la condición humana que establece en el Río de la Plata una sociedad con prioridades distintas y condiciones similares. Buenos Aires es la megalópolis donde todo es posible, Montevideo es el reposo del guerrero, donde todo está por hacerse.

Bonaerenses y montevideanos comparten algo esencial, su condición de europeos del sur. Juntos han crecido y se han desarrollado en formatos culturales que se distancian del mundo aborigen de la región para consagrarse en cuerpo y alma al espíritu europeo. Esta condición que también alcanza al sur de Brasil, ha significado mucho en el desarrollo social y cultural de ambas ciudades.

Los paisajes urbanos determinan escalas que nos permiten entender las pequeñas diferencias sociales y culturales que definen a los habitantes de una y otra ciudad. Montevideo es una ciudad de poca altura, en contraposición a Buenos Aires poblada de edificios y torres que arañan las nubes, y las distancias de la extendida ciudad asignan al tiempo un valor que en Montevideo se desconoce. Buenos Aires se ha desarrollado negando al Río mientras que Montevideo tiene en su costa una maravillosa rambla que la define y da sentido.

Desde siempre, bonaerenses y montevideanos han intentado parecerse, unos en procura de alcanzar la calma y otros la actitud. En ese juego aparecen ejercicios urbanos singulares, donde el vínculo se subraya. Es el caso, por ejemplo de los Palacios gemelos, Salvo y Barolo. El Palacio Salvo de Montevideo fue, junto al Barolo de Buenos Aires, el edificio más alto de Latinoamérica. Son gemelos y ambos fueron diseñados por el arquitecto italiano Mario Palanti y se levantan 100 metros sobre la tierra. El Barolo es cinco años más viejo que el Salvo y mientras el Salvo ocupa una esquina en la Plaza principal de la ciudad, el Barolo se construyó a mitad de cuadra. Luego, el Salvo aún mantiene un sitio importante entre los edificios más altos de Montevideo. Las luces, que emulando a dos imponentes faros, coronan ambas estructuras, se buscan a través del río que ancho como un mar, los separa. Allí esta la señal de hermandad que trasciende las circunstancias y los avatares de la vida social y política.

Los paseos en bicicleta de James rescatan en cada ciudad las semejanzas en los trazados urbanos y en el impacto visual de los testimonios de los grandes movimientos culturales que registró la arquitectura, donde parece claro que apenas se trata de una cuestión de cantidad más que de calidad. El movimiento moderno, por ejemplo, presenta ejercicios conmovedores en una Montevideo que ha valorado poco los grandes movimientos históricos mientras que en Buenos Aires, para cada época hay un repertorio increíble. En Montevideo, James descubre edificios sin mantener que en el descuido rescatan sus aportes originales, mientras que en Buenos Aires el mantenimiento es más riguroso y llega incluso a determinar intervenciones que desdibujan los orígenes.

Las formas que James Boyd Niven rescata para esa batería de recursos que participan en todos sus proyectos, apelan tanto a lo material como lo inmaterial. Allí están lo que se puede tocar y las formas de su aplicación, los muebles y también lo que no se puede tocar pero sí se siente, como las costumbres que establecen un uso singular para el espacio.

Estos gestos no respetan la escala y entonces los percibimos en sus intervenciones en pequeños apartamentos residenciales, en grandes casas de campo y también en el Hotel Montevideo, donde las formas contemporáneas guardan a otras que apelan a la memoria y rescatan valores y tradiciones que de manera muy sutil recuerdan que estamos en el Río de la Plata.

Así sucede con los objetos, como los muebles diseñados especialmente para equipar sus proyectos, las palmeras siempre presentes o en los afiches de cine que nos remontan a la edad de oro del cine argentino y uruguayo, en el Hotel Montevideo cada una de las ochenta habitaciones posee una de estas piezas que hoy recuerdan momentos y maneras de presentarlos. Y luego las atmósferas, como las del Polo Bamba, también en el gran Hotel de Pocitos, donde todo invita a llegar y permanecer, como en el mejor momento de los café literarios de Montevideo y Buenos Aires.

Al producir los textos para esta edición, en todo momento acudieron a nosotros las imágenes del viaje del héroe que registramos en las lecturas de Carl Jung y los estudios míticos de Joseph Campbell, imágenes que nos han acompañado, como un susurro que nos estimulaba a ir un poco más allá de la mera narración de hechos y sucesos. Sucede que las peripecias de vida de James Boyd Niven, al que muchas veces a lo largo de los textos, con la intención de referirnos al hombre detrás del personaje, hemos llamado simplemente James, nos llegan en una secuencia en la que todo parte de un deseo muy poderoso, de principios que gobiernan la conducta de su vida y nos instalan en el mundo de la narración de historias a las que se ha consagrado más allá de las exigencias profesionales de su trabajo. Con ese ánimo a lo largo de las páginas, los textos y las imágenes, hemos presentado a un hombre que ha conciliado su vida con un destino muy claro en el que la estética y sus formas son apenas consecuencias de ideas previas en las que el hombre y sus circunstancias, el paisaje y sus condiciones, resultan determinantes.

James

Tanqueray
RANGPUR
LIME
GIN
HEREDERO
Tanqueray
ROYALE
Havana Club
7
KAHLUA
SOPLICA
GREEN LABEL
Tanqueray
SEVILLA
HENDRICK'S
GIN
MARTINI
PROSECCO

Dirección de Arte y Maquetación
Break Point S.a.s.

Textos
Diego Flores

Fotografía
Mercedes Fahsbender
Alejandro Lipszyc

Distribuido en inglés en todo el mundo
por Rizzoli International Publications Inc.
300 Park Avenue South
New York, NY 10010, USA

ISBN: 978-8-8918-4019-6

2023 2024 2025 2026 / 10 9 8 7 6 5 4 3 2 1

Primera edición: Octubre de 2023

Este volumen ha sido impreso en Errestampa S.r.l.
Via Portico 27, Orio al Serio, Bergamo
Impreso en Italia

Visítanos en línea:
Facebook.com/RizzoliNewYork
Twitter: @Rizzoli_Books
Instagram.com/RizzoliBooks
Pinterest.com/RizzoliBooks
Youtube.com/user/RizzoliNY
Issuu.com/Rizzoli